AF267684

SOUVENIRS

SUR LE

RETOUR DE L'EMPEREUR NAPOLÉON

DE L'ILE D'ELBE

ET SUR LA CAMPAGNE DE 1815

PENDANT LES CENT-JOURS.

SOUVENIRS

SUR LE

RETOUR DE L'EMPEREUR NAPOLÉON

DE L'ILE D'ELBE

ET SUR LA CAMPAGNE DE 1815

PENDANT LES CENT-JOURS,

PAR M. LEFOL,

Trésorier de l'École Militaire de Saint-Cyr,

Ancien Aide-de-Camp du général de division baron Lefol, sous l'Empire.

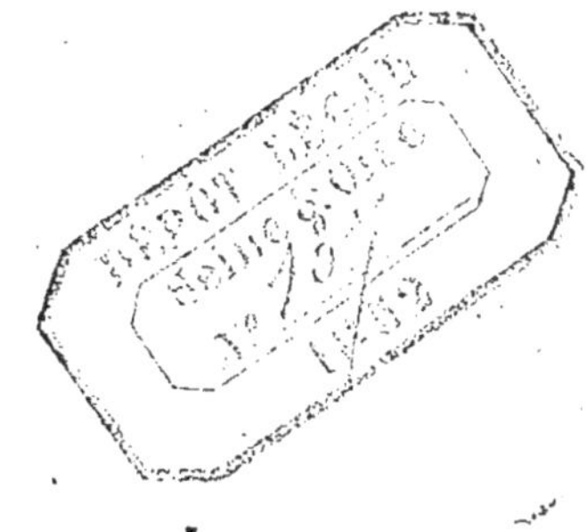

VERSAILLES,

IMPRIMERIE DE MONTALANT-BOUGLEUX,

6, Avenue de Sceaux.

—

1852.

A MON FILS.

MON CHER CHARLES,

EN jetant négligemment sur le papier, et pour moi seul, ou plutôt pour toi, ces souvenirs épisodiques d'une époque qui restera à jamais mémorable, j'étais loin de penser qu'ils recevraient les honneurs de l'impression. J'avais trop le sentiment de mon infériorité pour y prétendre.

Mais, soit que l'intérêt du fond eût racheté dans cet écrit les faiblesses de la forme, soit que la grandeur des événements ait communiqué au narrateur un certain degré de verve que la nature n'avait pas mis en lui, quelques amis ont désiré posséder une copie de mon opuscule ; l'impression était l'unique moyen de les satisfaire; et si je m'y suis décidé, c'est parce que j'ai pensé que plus tard, c'est-à-dire bientôt, lorsque cette génération de l'Empire sera éteinte, toi, mon cher ami, tu éprouveras sans doute quelque plaisir à retrouver cet écrit qui te rappellera que ton nom, bien que modeste, mais entouré d'un certain reflet de gloire par ton oncle, est lié, non sans quelque distinction, aux remarquables événements d'un temps unique dans l'histoire.

J'ai espéré aussi, mon cher enfant, que cette publicité t'encouragerait à soutenir l'honneur de ce nom, en continuant, comme tu l'as fait jusqu'ici, à suivre une vie irréprochable. La tâche te sera facile si tu nourris constamment dans ton cœur les sentiments honnêtes dont tu as été doué par la nature, et qui, nous l'espérons, ta mère et moi, ne t'abandonneront jamais.

Ton père et meilleur ami,

LEFOL.

SOUVENIRS

RETOUR DE L'EMPEREUR NAPOLÉON

DE L'ILE D'ELBE

ET SUR LA CAMPAGNE DE 1815

PENDANT LES CENT-JOURS.

ENTRÉ en 1804 comme élève au Prytanée de Saint-Cyr, qui fut transféré, en 1808, à Laflèche pour faire place à l'École impériale de Fontainebleau, j'en sortis en 1813, avec le grade de sous-lieutenant dans le 100.e régiment d'infanterie de ligne.

Après avoir rempli les fonctions d'aide-de-camp près du général de division baron Lefol, mon oncle, pendant toute la campagne de 1814, je fus nommé titulaire de cet emploi, avec le grade de lieutenant, par ordonnance du 3 août 1814.

Mis à cette époque en congé avec demi-solde, je restai dans ma famille jusqu'au commencement de l'année 1815 ; mon oncle ayant alors reçu l'ordre de se rendre à Clermont-Ferrand (Puy-de-Dôme), pour y prendre le commandement de la division militaire, je partis le 16 février de Saint-Germain-en-Laye pour rejoindre mon général. Mais notre séjour à Clermont ne devait être que de très peu de durée ; car à peine notre maison était-elle montée, que nous apprîmes le débarquement de l'Empereur au golfe de Juan, revenant de l'île d'Elbe.

Dans la nuit du 8 au 9 mars 1815, je fus réveillé en sursaut par la présence dans ma chambre d'un de mes anciens camarades de l'école : c'était de Dreux-Brézé, alors aide-de-camp du Ministre de la Guerre, qui avait mission de prévenir certains commandants de divisions militaires d'avoir à se rendre immédiatement à Lyon, auprès du comte d'Artois, qui venait d'arriver dans cette ville afin d'empêcher Napoléon d'y pénétrer. Dès que j'eus compris l'importance de la mission de Dreux-Brézé (le même qui fut depuis pair de France et grand-maître des cérémonies à la cour du roi Charles X), j'allai avec lui trouver mon général ; et, deux heures après son départ, nous étions en voiture, le général et moi, sur la route de Lyon.

Les chemins étant très mauvais, nous mîmes deux jours à franchir la distance qui nous séparait de Lyon. Le 11 mars nous n'étions plus qu'à deux lieues de cette ville, lorsqu'une calèche passant devant notre voiture en sens inverse, s'arrêta sur la grande route ; un personnage dont l'habit était tout brodé en argent, en descendit, vint à notre portière et dit à mon oncle, dont il avait reconnu le grade à son uniforme : « Général, je vous préviens que je « quitte Lyon à l'instant, et que Napoléon y est arrivé... » Nous apprîmes de suite que cette personne n'était autre que le préfet de Lyon.

Pendant que le général et moi, étourdis par cette nouvelle, nous nous regardions sans dire mot, notre postillon, qui ne comprenait rien à ce qui se passait, fouetta ses chevaux, — que franchement nous ne cherchâmes pas à faire arrêter, par la raison toute simple que mon oncle avait conservé pour Napoléon un attachement qui était poussé jusqu'à l'exaltation. — Et, une heure après, nous étions à Lyon, devant l'hôtel de l'archevêché, mêlés avec un peuple en délire qui avait fait illuminer toutes les maisons environnantes.

Nous montâmes dans les appartements; et, après avoir traversé plusieurs pièces, nous nous trouvâmes devant Napoléon, qui reconnut le général, et qui, se jetant dans ses bras, lui dit :

« Ah ! général Lefol, merci; vous ne m'avez pas oublié;
« vous m'avez conservé une fidélité dont je sais apprécier
« le prix; aussi, que de belles choses nous pourrions faire
« encore, si tous mes généraux vous ressemblaient ! »

Ces paroles si flatteuses pour mon oncle, n'étaient, du reste, que la répétition de ce que lui avait déjà dit l'Empereur, à Fontainebleau, en avril 1814, lorsque la plupart de ses généraux l'abandonnèrent !

Le général resta une partie de cette nuit avec l'Empereur, et ne revint à notre hôtel que vers les trois heures du matin. A dix heures, nous étions sur la place Louis-le-Grand, pour assister à la revue des dix mille hommes de toutes armes dont pouvait se composer cette nouvelle armée. Après le défilé, Napoléon confia au général Lefol le noyau d'une division, composé à la hâte, du 7.ᵉ de ligne (colonel Labédoyère) et d'un bataillon de la garde, avec l'ordre de le suivre à Paris. Ce fut le général Brayer qui eut le commandement en chef de cette petite armée, qui se mit en marche sur Paris, moins la division de mon oncle, précédant Napoléon de trente-six heures.

Depuis son débarquement jusqu'à Lyon, Napoléon n'avait pas encore cru au succès complet de son audacieuse entreprise; aussi ne recommença-t-il à faire acte de souveraineté qu'après avoir pris possession de la seconde ville de France, et s'être assuré des sympathies de l'immense majorité de la vigoureuse population de Lyon. C'est à Lyon qu'il rendit ses premiers décrets, entre autres celui qui supprimait la maison militaire du roi, tels que les gardes-du-corps du roi, les mousquetaires, les chevau-légers, etc., etc.

De même, jusqu'à son arivée dans cette ville, aucun officier-général ne s'était encore rallié à sa cause; le général de division Brayer fut le premier à accepter les chances de cette périlleuse entreprise. Le général Lefol fut sans doute le second.

L'Empereur quitta Lyon le 13 mars au matin, et coucha à Mâcon; nous partîmes aussi le même jour, mais le soir.

Ce fut pendant ce trajet de Lyon à Paris que je fus envoyé en ordonnance auprès de Napoléon. Le 16 mars au matin, nous trouvant dans un village en avant d'Autun, le général m'ordonna de partir aussitôt pour porter une dépêche importante à l'Empereur. L'ordre était impératif. Je me mis donc à la recherche d'un cheval, et une demi-heure après j'étais en route. Passé Autun, ma monture m'ayant fait défaut, et ne trouvant pas à la remplacer, je pris le parti de continuer ma route à pied, afin de ne pas perdre de temps, jusqu'à ce que le hasard m'eût fait rencontrer une mauvaise carriole se dirigeant sur Paris, et dans laquelle on voulut bien me laisser monter. Je fis ainsi quatre lieues, et l'on me déposa dans un village dont j'ignore le nom. Là, sans aucune ressource, je me trouvais dans un embarras extrême. Je ne connaissais pas le pays; la nuit allait me surprendre, et, pour comble de malheur, une pluie à verse, et qui paraissait devoir durer long-temps, vint ajouter à mon anxiété.

Cependant il n'y avait pas hésiter, il fallait absolument que ma dépêche fût remise la nuit même à Napoléon; mon honneur y était engagé. Je fis donc, mais inutilement, mille démarches pour me procurer un cheval; et comme à cette époque, lorsque l'on courait après Napoléon, il n'y avait pas de halte possible, pas d'obstacles insurmontables, et que l'on devait tout braver pour arriver au but, je pris mon courage à deux mains, et je continuai mon voyage à pied, presque à l'aventure, par un temps affreux, une nuit excessivement noire, et de plus, pour me rachever, tourmenté de ne pas savoir où je trouverais l'Empereur. J'arrivai ainsi à Avallon entre onze heures et minuit. La ville était déserte et calme; on n'entendait que le bruit de l'ouragan qui sévissait avec une violence extrême. Je me dirigeai vers une maison dont les fenêtres, au rez-de-chaussée, étaient éclairées; et là, j'appris avec un bonheur que l'on comprendra facilement, que c'était l'hôtel de la poste, où précisément l'Empereur était logé. Sans perdre de temps, sans prendre même la peine de sécher mes habits, je me fis conduire auprès du général Bertrand, qui était couché. Après avoir pris connaissance de ma missive, il se leva, passa un caleçon, et me conduisit dans la chambre de l'Empereur, avec qui il me laissa seul. Dans toute autre circonstance, on n'eût certainement pas dérangé l'Empereur à une pareille heure; mais on comprendra aisément qu'il devait être avide de nouvelles, et que les moindres incidents qui se succédaient dans ce moment avec tant de rapidité, devaient l'intéresser au plus haut point. Voilà pourquoi, sans doute, on me conduisit auprès de lui pour l'entretenir de ce que j'avais pu apprendre au sujet de son retour.

Inondé de pluie, couvert de boue et encore sous l'impression de l'inquiétude où je me trouvais l'instant d'auparavant, de ne pouvoir conduire ma mission à bonne fin ; étant d'ailleurs d'une complexion très délicate, j'étais affreusement fatigué, et la première chose que je fis en entrant dans la chambre de Napoléon, fut de m'appuyer sur l'un des côtés de son lit. J'étais tellement mouillé, que l'eau qui coulait de mon manteau avait tracé sur le carreau un petit ruisseau aboutissant presque jusqu'aux pieds de l'Empereur, qui était étendu sur un mauvais canapé. Une table, avec deux bougies et couverte de papiers, était devant lui ; le reste de l'ameublement était plus que simple.

L'Empereur me reçut avec un air de bonté qui me rassura et qui me mit à l'aise. Lorsqu'il sut que j'étais, non-seulement l'aide-de-camp du général Lefol, mais aussi son neveu, il me fit l'éloge le plus flatteur et le plus mérité de mon oncle. Après lui avoir rendu compte de ma mission, qui était, autant que je puis me le rappeler, de le prévenir que tel régiment devait aller à sa rencontre, et aussi après avoir reçu ses remerciements pour le zèle et l'activité que je venais de déployer, il me fit plusieurs questions, et s'informa entre autres de mon opinion sur l'effet que devait produire dans l'armée son retour en France ; si l'on avait toujours conservé pour lui la même confiance, le même attachement ; si enfin je pensais qu'il rentrerait à Paris sans difficultés, etc., etc.

Bref, après avoir répondu avec assez d'aplomb à toutes ses questions, malgré ma timidité naturelle, et comme devait le faire un jeune homme de mon âge tout enthousiaste de la bonne fortune qui lui arrivait ; après une conversation intime de vingt minutes environ, il me frappa légèrement sur l'épaule en signe d'intérêt, en me disant d'aller me reposer, me recommandant de venir le trouver le lendemain pour prendre ses ordres (1).

Ne trouvant pas de chambre pour me loger à l'hôtel, ne sachant d'ailleurs où aller à cette heure de la nuit, n'en pouvant plus de fatigue, je me dirigeai dans la cour vers l'écurie où étaient les chevaux de l'Empereur, et je m'étendis ou plutôt je me laissai tomber auprès d'eux sur une excellente litière où je ne tardai pas à m'endormir. Le lendemain j'étais tellement raide et engourdi par l'effet de l'humidité de mes vêtements, que l'on fut obligé de me porter dans la cuisine auprès d'un bon feu, afin de pouvoir me remettre sur pied.

Lorsque j'eus pris un peu de nourriture et que je fus approprié, je montai dans la chambre de l'Empereur, où l'on terminait les préparatifs de son départ. La foule qui était rassemblée devant ses fenêtres l'appelait à grands cris; il s'approcha d'une croisée ouverte donnant sur la place, salua le peuple, et descendit aussitôt pour monter en voiture avec les généraux Bertrand et Drouot, après toutefois m'avoir fait remettre un ordre écrit pour mon général. Cet ordre, qui était signé par l'Empereur, a été égaré, et j'éprouve aujourd'hui un vif chagrin de n'avoir pu le conserver. J'oubliais de relater que le général Drouot m'avait dit de prendre dans la chambre que l'Empereur quittait plusieurs proclamations imprimées, afin que j'eusse à les distribuer sur la route que nous allions parcourir.....

(1) Le général Bertrand venant un jour à Saint-Cyr voir son fils en 1845, je lui parlai de cette circonstance, qu'il se rappela parfaitement. Il eut alors la bonté de m'accueillir comme une vieille connaissance, et de me promettre sa visite lorsqu'il reviendrait à l'Ecole. Malheureusement deux mois après, la France perdait ce type de la fidélité et des vertus militaires.

Voici, à l'occasion du séjour de Napoléon à Avallon, un incident qui est resté ignoré du monde entier, et qui m'a été raconté ce jour-là même par un habitant notable de cette ville :

L'Empereur, en se présentant à la croisée dont je viens de parler pour satisfaire à la curiosité du peuple, aurait manqué d'être assassiné. Dans la foule se trouvait, dit-on, un homme muni d'un pistolet qu'il devait décharger sur Napoléon; mais, soit que le cœur lui eût manqué, soit remords au moment de commettre cette lâche action, soit aussi qu'il n'eût pas trouvé assez de temps pour l'ajuster, ce crime projeté n'eut heureusement pas lieu. Le malheureux eût tiré qu'il eût été immédiatement mis en pièces, car l'enthousiasme qui se manifestait dans la foule était à son comble.

L'Empereur parti, je dus prendre mes précautions pour me procurer des chevaux, devenus rares, pour notre départ, qui devait s'effectuer le soir aussitôt après l'arrivée de mon général. A force de démarches, j'en trouvai deux que je fis mettre en cachette dans l'écurie de l'hôtel; mais, comme on le verra tout-à-l'heure, ils ne nous servirent pas.

A sept heures du soir, le général Lefol faisait son entrée dans la ville à la tête de sa petite division; et comme j'avais fait apprêter notre dîner dans une salle du rez-de-chaussée donnant sur la cour, nous nous mîmes de suite à table; mais à peine étions-nous assis que j'aperçus à travers nos croisées un officier-général en grande tenue et portant un chapeau à plumes blanches; je sortis pour savoir quel était ce personnage, et lorsque je me trouvai en face de lui, je reconnus le maréchal Ney, qui arrivait de Lons-le-Saulnier, après y avoir répandu ses proclamations, pour rejoindre l'Empereur. L'ayant prévenu que le général Lefol était là, il entra avec moi dans la salle à manger, se jeta au cou de mon oncle, et il y eut entre eux un feu croisé de demandes, et de réponses que les circonstances leur dictaient. Le maréchal se mit à table avec nous; et comme il avait hâte d'aller trouver l'Empereur, il nous demanda sans façon la permission de se servir, pour arriver plus vîte, des chevaux que j'avais eu tant de peine à nous procurer.

Pendant plus d'une heure que dura notre dîner, le maréchal nous raconta tout ce qu'il avait fait depuis le moment où il avait appris le retour de Napoléon. Il nous dit qu'il était d'autant plus heureux de cet événement, qu'il avait conservé pour l'Empereur *la plus sincère fidélité;* que d'ailleurs il n'avait pas trouvé à la cour de Louis XVIII l'accueil qu'il devait s'attendre à y recevoir; que sa femme n'y *était nullement considérée; qu'elle n'y avait été toujours traitée que comme une parvenue.* Il ajouta que l'on faisait déjà courir le bruit qu'il avait promis au Roi, en prenant congé de lui aux Tuileries quelques jours auparavant, *de lui ramener Bonaparte mort ou vif dans une cage de fer;* que c'était une insigne calomnie; et s'adressant à mon oncle : *Vous me connaissez depuis assez long-temps, Lefol, pour me croire incapable d'avoir tenu un pareil langage.....* Disait-il vrai? L'histoire soutient que non; moi, je dis oui, parce qu'en parlant ainsi, sa noble figure exprimait la franchise la plus sincère..... Après s'être fait raconter par le général et par moi par quel hasard nous avions rejoint l'Empereur, il embrassa de nouveau mon oncle, me tendit la main et nous quitta. Le lendemain il était à Auxerre avec Napoléon, qui de ce moment ne dut plus douter de la réussite de son entreprise miraculeuse (1).

(1) Le maréchal était lié intimement avec mon général; c'est au camp

L'arrivée imprévue du maréchal Ney, et le vol qu'il nous avait fait de nos chevaux, nous ayant obligés de coucher encore à Avallon, nous remîmes notre départ au lendemain matin. Mon oncle occupa la chambre qu'avait habitée le général Bertrand, et qui était plus vaste et plus commode que celle de l'Empereur, qu'on me destina, ce qui fut la cause que, si la veille j'avais parfaitement reposé sur de la paille, dans l'écurie, il n'en fut pas de même cette nuit où j'étais cependant dans un bon lit; ma jeune imagination, exaltée par tous les événements fabuleux dont j'étais le témoin, errait dans les espaces imaginaires, et je rêvais tout éveillé à ce grand homme qui, vingt-quatre heures auparavant, à cette même place où j'étais, avait peut-être conçu de ces projets gigantesques qui étonnent encore aujourd'hui le monde entier.

Notre voyage d'Avallon à Paris fut rempli d'incidents les plus remarquables et les plus bizarres. Sur toute la route, les populations, qui avaient appris le retour de l'Empereur, mais qui ignoraient qu'il était déjà passé, accouraient de quinze à vingt lieues à la ronde pour le voir; et comme mon général était en uniforme, notre voiture était souvent arrêtée par la foule qui voulait absolument reconnaître Napoléon dans mon oncle malgré tout ce que je disais pour la dissuader.

C'est ainsi que nous arrivâmes à Paris le 21 mars 1815, dans un état d'agitation indéfinissable, provenant des diverses émotions que nous avions éprouvées pendant ce voyage si extraordinaire.

Le général s'empressa d'aller le lendemain aux Tuileries, mais ne put voir l'Empereur; ce fut le général Bertrand qui le reçut et qui lui annonça que le 24 mars il y

de Boulogne, en 1804, qu'il m'accorda son appui pour me faire entrer comme élève au Prytanée de Saint-Cyr.

aurait une grande revue dont il aurait le commandement, et qu'il devait se tenir prêt à partir ensuite pour l'armée du Nord avec la division qui serait désignée ultérieurement pour être sous ses ordres. A son retour des Tuileries, le général, en me faisant part de ces nouvelles, me signifia que j'eusse à me monter immédiatement. Le lendemain j'avais trouvé, non sans peine, un cheval tout équipé.

Le matin du 24 mars, à dix heures, nous étions à cheval dans la cour des Tuileries, où toutes les troupes devant passer la revue étaient rassemblées. Mon oncle montait un cheval blanc andalous, d'une beauté remarquable, qui lui avait été donné en cadeau par les autorités de Séville lorsqu'il était gouverneur de cette ville. (Ce même cheval fut tué sous mon général le 16 juin à Saint-Amand.)

L'air martial du général, la régularité de ses traits, en imposaient à tous ceux qui le voyaient ; lui-même, électrisé par le spectacle sublime qui se déployait devant nous, semblait fier du choix que l'on avait fait de lui pour commander de si belles troupes.

Trente-sept ans qui nous séparent de cette époque, en passant sur nous, ont anéanti bien des choses ; mais cependant le souvenir de la revue du 24 mars 1815 fait encore palpiter d'orgueil et de plaisir ceux qui en ont été les témoins. Cette journée restera en mémoire comme une preuve de l'affection du peuple et de l'armée pour Napoléon.

Lorsque l'Empereur fut averti que tout était prêt, il parut à cheval et passa dans les rangs de ses soldats. Nous l'accompagnions ; j'ai été témoin de tout ce qui s'est passé ce jour-là, mais pour en rendre un compte exact, il faudrait une autre plume que la mienne. Les soldats étaient ivres de joie, leurs schakos étaient au bout de leurs baïonnettes, et l'enthousiasme qui se manifestait en dehors des grilles, sur la place du Carrousel, où était le peuple, était sympathique avec la troupe.

Vers la fin de la revue, on vit arriver Cambronne à la tête des officiers du bataillon de l'île d'Elbe, qui portaient leurs anciennes aigles ; l'esprit militaire en fut doublement exalté, et ces officiers, réunis aux troupes et aux officiers de toutes armes, qui s'étaient rassemblés spontanément, et qu'on nomma depuis le Bataillon sacré, défilèrent au son d'une musique guerrière qui jouait l'air : *Veillons au salut de l'Empire*, cherchant ainsi à ressusciter les chants de triomphe et de gloire.

Après le défilé, l'Empereur se plaça devant le pavillon de l'Horloge et fut aussitôt entouré par un nombre considérable d'officiers ; là, diverses scènes remarquables se passèrent : des aigles, que ses soldats avaient conservées, lui furent présentées, et, s'en emparant, il les pressa sur son cœur en prononçant de ces paroles que lui seul savait rendre si émouvantes. C'est en parcourant ce cercle d'officiers qu'il me reconnut et que, s'avançant vers moi, il me décora de sa main.

Deux jours après, le 26, nous traversions Paris à la tête de notre division, composée des 15.ᵉ léger, 23.ᵉ, 37.ᵉ et 64.ᵉ de ligne, et d'une compagnie d'artillerie, faisant partie du 3.ᵉ corps d'armée commandé par Vandamme, pour nous rendre dans nos cantonnements du nord, en attendant l'ordre d'entrer en campagne. Ce fut pendant ces deux mois et demi que l'Empereur fit tant de prodiges en organisant, comme par enchantement, cette belle armée, qui devait être détruite si vite à Waterloo.

Après donc avoir occupé plusieurs cantonnements pendant les mois d'avril et de mai, à Cambrai, le Cateau, Avesnes, etc., et nous être installés à Trélon, qui fut le dernier, nous partîmes de ce poste le 13 juin, pour commencer notre courte et malheureuse campagne; nous bivouaquâmes, le soir, en avant Trélon, et le lendemain 14, nous étions à Beaumont, où se trouvait réunie presque toute l'armée.

Le 15 juin tout s'ébranle, chacun se rend à sa division, à son régiment, à sa compagnie. Nous n'arrivâmes à Charleroy qu'à trois heures de l'après-midi, lorsque nous aurions dû y pénétrer en vainqueurs à dix heures du matin; un malentendu du général Vandamme était la cause de cette faute, que l'Empereur lui reprochait précisément au moment où nous passions devant eux. J'ai entendu ces paroles de Napoléon à Vandamme : « Général, ce retard de « votre corps est une fatalité... » Vandamme parut prendre fort mal cette apostrophe en répondant d'une manière excessivement virulente à l'Empereur; mais comme nous les avions déjà dépassés, je ne pus comprendre la suite de cet entretien.

Après avoir pris part à un combat assez sanglant, qui eut lieu le soir, en avant de Charleroy, et où nous perdîmes quelques hommes (le général Letort fut tué non loin de nous), notre division alla bivouaquer dans un petit bois entre Fleurus et Charleroy.

C'est pendant cette nuit que nous apprîmes avec indignation la désertion à l'ennemi du général *** et de ses aides-de-camp.

BATAILLE DE FLEURUS, OU DE LIGNY.

Le lendemain matin, 16 juin, le temps était magnifique, le soleil était ardent et nous présageait une chaude journée, comme elle le fut en effet sous tous les rapports. Nos soldats firent la soupe, et notre corps d'armée prit position en avant de Fleurus, faisant face au village de Saint-Amand, ayant à sa gauche la division Girard.

Tout respirait le calme dans cette plaine immense et fertile qui se déroulait devant nous, et que parcouraient en silence nos colonnes d'infanterie, de cavalerie et nos parcs d'artillerie; on n'eût pas cru que cent cinquante mille hommes allaient en venir aux mains et se disputer quelques toises de terrain avec un acharnement tel que depuis long-temps il n'y en avait pas eu d'exemple, et que cinq heures après, sur ce nombre de cent cinquante mille hommes, quarante mille environ seraient morts, mutilés ou mis hors de combat. Ce calme, qui ressemblait à celui qui toujours précède l'orage, avait quelque chose de saisissant et qui faisait battre le cœur. Nous voyions en face de nous, sur la colline, entre Saint-Amand et Ligny, l'armée ennemie faire de même que nous ses dispositions, et je l'avoue, ce moment solennel, précurseur de tant de désastres, m'impressionna bien davantage que le moment d'ensuite, lorsque nous en vînmes aux mains.

Lorsque toutes les dispositions pour la bataille qui se préparait furent terminées, ce fut notre division qui eut l'honneur d'ouvrir le feu contre Saint-Amand, qui devint le théâtre de combats acharnés. Tout conseillait à l'Empereur d'y diriger sa principale attaque; par-là, évitant une partie des difficultés du terrain, et se rapprochant du maréchal Ney engagé aux Quatre-Bras contre l'avant-garde de Wellington, il aurait pu lui porter des secours ou en recevoir, séparer les Prussiens des Anglais et forcer les premiers de se retirer sur Namur; aussi, emporté par le désir d'exterminer l'armée prussienne, se décida-t-il à livrer une bataille générale.

Ainsi que je viens de le dire, chargé de commencer le feu contre Saint-Amand, le général Lefol fit former le carré à sa division, et il la harangua avec tant de bonheur que ses soldats, pleins d'enthousiasme et excités d'ailleurs par la présence de Napoléon, qui passait en ce moment devant le front de la division, demandèrent à grands cris à marcher à l'ennemi.

L'ordre d'attaquer Saint-Amand ayant enfin été donné, le général fit détacher un assez grand nombre de tirailleurs et s'avança à la tête de sa divivision formée sur trois colonnes. Le premier boulet parti des batteries prussiennes tomba dans ses masses et tua huit hommes d'une compagnie commandée par le capitaine Revest, mort depuis colonel d'un régiment d'infanterie. Cet événement, loin d'arrêter l'ardeur de nos soldats, ne fit que l'exciter, et c'est ainsi qu'ils arrivèrent à Saint-Amand et l'emportèrent à la baïonnette.

De ce moment la bataille prit un caractère sanglant. Chaque parti était soutenu par une artillerie formidable, dont les détonations imitaient le bruit de la foudre, et ces attaques terribles s'alimentaient pour ainsi dire par un mouvement de fluctuation alternatif entre les deux armées revenant sans cesse à la charge. Près de deux cents bouches à feu étaient pointées contre le village par deux armées qui s'en disputaient la possession; c'était la clef de la position de Blücher, et tout l'effort de la bataille se portait sur Saint-Amand qui fut pris et repris trois fois au milieu de scènes de carnage horrible ; et, comme le dit avec raison Vaulabelle dans son *Histoire des deux Restaurations* :
« Chaque arbre, chaque fossé, chaque clôture était atta-
« qué et défendu avec fureur ; on luttait corps à corps,
« on se fusillait à brûle-pourpoint, on se tuait à coups de
« baïonnettes, et nos soldats tombaient en criant vive l'Em-
« pereur ! ils ne se laissaient même emporter à l'ambulance
« que lorsqu'il leur était impossible de continuer à pren-
« dre part au combat. »

Le général Lefol, entré le premier à Saint-Amand, eut son cheval tué sous lui dans un verger, et allait sans doute être fait prisonnier ou tué lorsque j'eus le bonheur de le tirer de ce mauvais pas en lui donnant le mien.

Dans ce même moment son fils, Louis Lefol, chef de bataillon au 2.ᵉ léger, de la division du prince Jérôme, engagée aux Quatre-Bras, recevait une balle qui lui fracassait le poignet. Louis est mort à Oran en 1831, étant colonel du 21.ᵉ régiment d'infanterie de ligne ; il passait pour un des officiers les plus distingués de l'armée, et serait sans doute arrivé aux plus hautes dignités militaires.

Le combat se prolongea, avec des avantages balancés, jusqu'au soir ; toutefois les Prussiens ne purent reprendre ni l'église, ni le cimetière, dont notre division s'était si vigoureusement emparée dès le début de la bataille.

Ce fut, autant que je puis me le rappeler, vers les six heures qu'il se manifesta parmi les soldats d'un régiment un mouvement de terreur, que l'on ignora heureusement dans l'armée et qui aurait pu avoir des suites funestes sans un moyen d'une extrême énergie qu'employa le général Lefol, et sans l'empressement que mirent plusieurs officiers à faire cesser cette espèce de panique, occasionnée d'abord par la fausse nouvelle répandue qu'une colonne ennemie venait surprendre la gauche de notre division, et par l'impression pénible que causa au 64.ᵉ de ligne la mort du colonel Dubalen, qu'il aimait et estimait (1).

(1) Jusqu'à présent j'avais hésité à signaler ce moyen énergique dont s'est servi mon général, parce que je craignais de jeter du blâme sur sa conduite ; mais en y réfléchissant depuis, j'ai pensé qu'à la guerre, dans certains moments critiques, tout général avait le droit de prendre telle mesure qu'il jugeait nécessaire lorsqu'il s'agissait, comme dans cette circonstance, de sauver peut-être toute l'armée.

Voici donc ce qui arriva :

Le général Lefol, jugeant d'après son coup-d'œil exercé que cette pani-

Plusieurs soldats quittèrent leurs rangs, jetèrent leurs fusils et pouvaient ébranler, peut-être même entraîner tout le corps d'armée, lorsque plusieurs officiers, au nombre desquels se trouva le général Corsin (1), commandant l'une des brigades de notre division, accoururent, arrêtèrent les fuyards, les rassemblèrent et les ramenèrent au combat, qu'ils soutinrent ensuite jusqu'au soir avec la même intrépité qu'au début.

Le général Corsin qui, pendant cette journée se fit remarquer par son courage et son énergie, eut trois chevaux tués ou blessés sous lui à Saint-Amand, et ses anciennes blessures s'étant rouvertes pendant notre retraite, cet officier-général dut rester à Givet et résigner son commandement.

Pendant que nous nous battions à Saint-Amand (2), une lutte semblable avait lieu à Ligny.

que de nos soldats pouvait amener des résultats d'une immense gravité, n'hésita plus. Il m'envoya enjoindre à l'officier d'artillerie de tourner ses canons contre nos fuyards qui alors se croyant être entre deux feux, c'est-à-dire entre nos canons et cette division, qu'ils pensaient à tort appartenir à l'ennemi, revinrent à leurs rangs et réparèrent par leur ardeur à combattre, l'espèce de honte dont ils s'étaient couverts un instant auparavant.

Qui sait ? — peut-être sans ce moyen extrême la campagne de 1815 finissait-elle là : — il n'eût pas été question de Waterloo.

Si l'officier d'artillerie, qui était alors lieutenant et tout jeune, vit encore, il doit se rappeler quelle fut notre anxiété lorsque, étant nous-mêmes sous l'impression de cette panique, j'allai lui communiquer mes ordres, que pour mon compte, j'avais peur d'avoir mal interpétés et qu'il hésita un instant à exécuter dans la crainte d'assumer sur lui une telle responsabilité.

(1) Le général Corsin est aujourd'hui retiré près d'Orange, dans le département de Vaucluse. Qu'il me permette de lui témoigner ici ma vive et respectueuse reconnaissance. Traité sévèrement et même très durement par mon oncle, je n'ai pas oublié que c'est de son exemple et de ses conseils paternels que j'ai retiré la force et le courage qui m'étaient si nécessaires pour pouvoir supporter les fatigues de cette campagne.

(2) L'ancien colonel de la 4.e légion de la garde nationale de Paris, le

A dix heures la bataille était gagnée.

Voici, à l'occasion de bataille de Fleurus (Ligny), un écrit dont je conserve l'original entre mes mains, et que m'a laissé le général Corsin, comme un témoignage de son intérêt et de sa bonne affection pour moi.

« Nous, général de division, grand-officier de la Légion-
« d'Honneur, commandant en 1815 la 1.re brigade de la
« division Lefol, constatons les faits dont le détail suit :

« Le 16 juin 1815, la division Lefol contribua au gain
« de la bataille de Ligny (Fleurus) en luttant avec une glo-
« rieuse persévérance contre les forces de Blücher bien
« supérieures aux nôtres. Chargé de commencer le feu con-
« tre Saint-Amand, le général Lefol s'avança à la tête de
« sa division vers ce village, qui fut pris et repris plusieurs
« fois. Pendant une de ces attaques et au moment où nous
« en étions repoussés, le général Lefol eut son cheval tué
« sous lui, et allait être fait prisonnier lorsque l'aide-de-
« camp Lefol, n'écoutant que son devoir, mit pied à terre
« au milieu d'une scène de carnage horrible, pour lui don-
« ner son cheval ; tous deux essuyèrent une décharge de
« mousqueterie et allaient être tués ou pris lorsque l'arri-
« vée imprévue d'une compagnie du 64.e, sur le lieu de
« cette scène, les sauva en donnant le temps au général de
« monter sur son nouveau cheval, et d'aller rejoindre cette
« compagnie avec son neveu.

« L'aide-de-camp Lefol eut son épaulette enlevée par

brave, l'intrépide M. Chapuis, dont le nom se rattache à tant de faits remarquables de courage et de patriotisme, et qui était alors capitaine au
85.e de ligne du 1.er corps d'armée, a fourni une note extrêmement cu-
rieuse sur ce qui se passa ce jour-là, non loin de nous, à Wagnelé, où
son régiment était appelé à agir vigoureusement et d'une manière déci-
sive.

« un biscaïen (1), et son cheval fut légèrement blessé.
« Toute la division a pu être témoin de sa brillante con-
« duite dans les périlleuses attaques du cimetière de Saint-
« Amand.

« Le soir de cette mémorable journée, le jeune Lefol,
« qui avait contribué à sauver la vie à son général et qui
« déjà, à cette époque, avait été décoré par l'Empereur
« *lui-même* (décret du 26 mars 1815), fut proposé sur le
« champ de bataille, pour le grade de capitaine.

« Le Général de Division,

« Signé : Vte CORSIN.

« Vu par nous, sous-intendant militaire de première
« classe, commissaire des guerres en 1815, attaché à la divi-
« sion du général Lefol, commandant la 8.e division de l'ar-
« mée du Nord, pour légalisation de la signature du général
« Vte Corsin, alors commandant la 1.re brigade de la di-
« vision Lefol, et pour affirmer les faits ci-dessus relatés,
« comme en ayant été le témoin oculaire.

« Signé : CHUFFART.

« Pour copie conforme à l'original qui nous a été pré-
« senté.

« Le Sous-Intendant militaire,

Signé : LASELVE.

Toutes les troupes étaient harassées et tombaient de fa-

(1) J'ai conservé la veuve de cette épaulette ainsi que les aigles de mon schako et de mon hausse-col du 100.e de ligne, et celui de la croix que l'Empereur m'a donnée.

tigue et de besoin ; le repos, si chèrement acheté, était devenu pour tous une nécessité.

Le 3.ᵉ corps, la jeune garde, et la division Girard bi-
vouaquèrent sur le champ de bataille où ils avaient si glo-
rieusement combattu pendant six heures consécutives, et
notre état-major s'établit dans le cimetière de Saint-Amand.

En revenant de transmettre différents ordres, je rencontrai le général Vandamme, qui me fit, pour mon général, le
cadeau le plus précieux, en raison des circonstances, ce fut
une bouteille de bon vin et un canard cuit ; jamais présent
ne fut reçu avec tant de reconnaissance par mon oncle.

Des factionnaires furent placés autour du village et nous
pûmes nous reposer.

A trois heures du matin, le 17 juin, je fus réveillé sur
l'ordre de Vandamme, afin d'aller à Ligny, à un quart de
lieue de nous, pour faire rentrer à Saint-Amand notre bat-
terie d'artillerie qui y avait été détachée la veille pour aider
à écraser les Prussiens et terminer ainsi cette lutte acharnée.
Arrivé à Ligny, je fus témoin d'un spectacle affreux, et qui
n'a pas parcouru comme moi ce champ de bataille ne sau-
rait se représenter une pareille horreur, encore moins con-
cevoir les émotions qui là vous pressent. Le village, auquel on avait mis le feu la veille, brûlait encore, grillant les
malheureux blessés qui s'étaient réfugiés dans les maisons;
des monceaux de cadavres complétaient un tableau que
n'ont peut-être jamais présenté les champs de bataille des
plus grandes guerres, car ici quatre mille soldats morts
étaient entassés sur une très petite superficie ; les allées qui
conduisaient à Ligny étaient tellement encombrées que,
sans être taxé d'exagération, je puis certifier que mon cheval trouvait difficilement le moyen d'éviter de marcher sur
ces cadavres. Ce fut bien pis lorsqu'il fallut passer là avec
les canons et les caissons que j'étais allé chercher pour les

ramener à Saint-Amand. J'ai encore dans les oreilles le genre de bruit que produisaient les roues écrasant les crânes des soldats, dont les cervelles, mêlées avec des lambeaux de chair, se répandaient hideusement sur le chemin; peut-être même parmi ces hommes étendus sur le sol et que nous foulions aux pieds, y en avait-il dont le cœur battait encore !

Après ma mission remplie, je revins à mon bivouac, où je pus rester tranquille quelque temps. Vers les dix heures, étant encore étendu dans un état de somnolence, j'aperçus tout-à-coup l'Empereur débouchant d'une petite rue, qui était tellement jonchée de cadavres, qu'il dut s'y arrêter pour donner le temps de lui ouvrir un passage au travers de cette boucherie humaine. Lorsque ce chemin fut libre, il continua sa route, et il allait enfiler une ruelle vis-à-vis de l'endroit où je me trouvais, lorsque, me levant lestement, je courus à lui pour le prévenir qu'il s'engageait dans un cul-de-sac; il revint sur ses pas, et s'arrêta un instant pour causer avec mon général, qui l'avait vu et qui accourait pour lui rendre compte des détails de la bataille, pour ce qui concernait sa division.

Napoléon s'apercevant alors que mon habit était déchiré par l'effet du projectile qui m'avait enlevé mon épaulette, me félicita avec intérêt sur le danger auquel j'avais échappé. En s'en allant, il nous prescrivit de veiller aux blessés, et nous suivîmes ses ordres avec un pieux empressement. En relevant un jeune soldat blessé à la tempe, et qui m'avait fait signe de lui donner de l'eau, j'éprouvai l'émotion de le voir s'éteindre dans mes bras, en prononçant ces maux : ma pauvre mère !

D'après des documents que l'on dit être exacts, voici les pertes qu'éprouvèrent les deux armées pendant cette journée du 16 juin 1815.

Savoir :

L'armée ennemie

En tués.	9,148	} 24,856
En blessés.	15,708	

L'armée française

En tués.	4,930	} 13,930
En blessés.	9,000	

Total des mis hors de combat . .   38,786

Pour notre part, dans le petit état-major de notre division, voici comment nous fûmes traités :

Le général de division Lefol eut son cheval tué sous lui, et, en tombant, il se fit une large blessure à la tête, ce qui ne l'empêcha pas de rester à son poste d'honneur.

Le général Corsin, commandant la 1.re brigade de notre division, reçut une forte contusion à la cuisse, et eut trois chevaux tués ou blessés sous lui.

Le général Billard, commandant la 2.e brigade, fut mis hors de combat dès le début de la bataille.

Un officier d'état-major eut la cuisse traversée d'une balle, et en mourut quelques jours après.

Un autre, dont un boulet tua le cheval, fut lancé contre un arbre, et reçut une secousse tellement forte, qu'il resta sans connaissance sur le terrain pendant plus de deux heures.

Quant à moi, je ne fus qu'effleuré par un biscaïen qui ne s'en prit qu'à mon habit.

Sur les quatre colonels commandant les régiments de notre division, un fut tué à bout portant : c'est le brave et jeune colonel Dubalen, atteint par dix balles; et deux autres furent blessés.

Notre colonel d'état-major Marion eut le corps traversé par une balle; mais le surlendemain, 18 juin.

Ces pertes s'expliquent facilement par la manière dont on se battait alors. A Saint-Amand et à Ligny, c'étaient des combats corps-à-corps, qui duraient des heures entières; c'étaient des coups de fusils à bout portant, de la mitraille à cinquante pas; et si même on doit s'étonner de quelque chose, c'est que nous n'ayons pas eu plus de victimes.

En 1845, en allant passer quelques jours de congé à Gilly, chez un de mes parents, directeur des mines dans ce pays, je fus visiter le champ de bataille de Ligny, qui se trouvait à deux lieues de là. A Fleurus, je revis ce fameux moulin, maintenant presque détruit, que l'Empereur avait occupé une partie de la journée du 16 juin 1815, et où j'avais été envoyé plusieurs fois en ordonnance ce jour-là. En parcourant ces plaines, jadis si animées, aujourd'hui si calmes, mille souvenirs saisissants se croisèrent dans mon esprit. A Saint-Amand, je ne reconnus que l'église et le cimetière. Les arbres et les maisons qui existaient autrefois avaient disparu, d'autres les remplaçaient, mais rangés différemment. En m'arrêtant sur le lieu même de ce verger dont j'ai parlé, il me semblait que je foulais aux pieds les cendres de ce malheureux colonel Dubalen, que j'avais vu tomber là. Je voyais l'endroit où l'Empereur m'avait parlé; plus loin, la place où mon général avait manqué d'être tué, et, autour de moi, les scènes affreuses qui s'y s'étaient passées. En suivant, seul au monde par un temps calme et magnifique, entre Saint-Amand et Ligny ce chemin, que, juste trente ans auparavant, j'avais parcouru entre des milliers de cadavres, je trouvai deux poteaux à certaine distance l'un de l'autre. On avait écrit sur l'un, *Tombeau de Ligny*, et sur l'autre, *Bon Dieu de miséricorde.* Déjà plein des émotions que cette excursion avait éveillées en moi, la vue de cette simple et touchante inscription d'une ame pure, et qui disait tant à mon imagination dans un pareil moment, fit couler de mes yeux d'abondantes larmes, qui me soulagèrent, et je quittai cette fois, pour toujours, ces lieux dont je conserverai éternellement le souvenir.

Le 17 juin au matin, l'Empereur confia à Grouchy le commandement d'un corps d'armée de trente-cinq mille hommes, afin de poursuivre l'armée prussienne et de compléter sa défaite. Notre division en faisait partie.

Nous nous dirigeâmes, vers midi, sur Gembloux, où nous arrivâmes le soir. Jamais soldats ne passèrent une nuit plus affreuse. Toute la journée avait été sombre et pluvieuse; vers le soir, la pluie tomba par torrents, à tel point, qu'en marchant, les soldats avaient souvent de l'eau jusqu'à la cheville. Ils devaient cependant bivouaquer autour de la ville, sans abri et sans nourriture; aussi, le lendemain, avaient-ils l'air de déterrés. Plus heureux qu'eux, notre état-major logeait en ville, sans pour cela avoir pu prendre de repos, car pour mon compte, je fus envoyé plusieurs fois en ordonnance pendant cette cruelle nuit.

L'ordre de mouvement ne fut donné, le 18 juin, que vers les huit heures du matin. Nous formions la tête de la colonne du corps de Vandamme, et lorsque nous eûmes dépassé d'une lieue le village de Sart-à-Walhain, nous restâmes environ pendant trois heures à faire la soupe; repas qui fut payé cher par les conséquences fatales que l'armée et la France en éprouvèrent. C'est pendant ce temps, qu'entendant le bruit du canon vers notre gauche, le général Vandamme m'ordonna de courir bride abattue vers le maréchal Grouchy pour le prévenir de cette circonstance. Je trouvai Grouchy à Sart-à-Walhain, dans un château appartenant à M. F. ***; et, lorsque j'arrivai à lui, il était devant une table, consultant des cartes, tandis que les officiers de son état-major mangeaient des fraises. J'ignore si le maréchal avait été déjà prévenu de la nouvelle que je lui apportais, mais ce que je puis affirmer, c'est qu'aussitôt après m'avoir entendu, il donna l'ordre de monter à cheval. Je me souviens que plusieurs officiers coururent dans le jardin, et appliquèrent leurs oreilles sur la terre pour se rendre compte de la direction du canon.

Un historien qui a écrit sur cette campagne de 1815 avec un grand talent et une impartialité remarquable, et qui m'avait demandé des détails sur la coopération de notre division, pendant cette journée du 18, a cependant interprété d'une manière trop défavorable pour le maréchal Grouchy, mais sans intention hostile contre lui, ce que je lui avais dit à propos de l'incident dont je viens de parler; il semblerait, d'après lui, que si le maréchal a apporté de la mollesse et de l'indécision dans cette circonstance, c'est parce qu'il s'était oublié à manger des fraises à Walhain. C'était pourtant bien naïvement, avec réserve et sans arrière-pensée que je lui avais rendu-compte de ce que j'avais vu. En campagne, l'officier comme le soldat se nourrit de ce qui lui tombe sous la main, trop souvent il ne peut pas choisir; à Walhain, il mangeait des fraises, parce que probablement il n'avait pas trouvé une nourriture plus confortable, et qui certes eût convenu davantage à son estomac.

Trop jeune alors pour juger sainement les événements, à plus forte raison pour me permettre de les critiquer, je ne recevais mes impressions que par ce qui se passait sous mes yeux; aussi, sans m'inquiéter du jugement des autres à l'égard de la conduite du maréchal Grouchy pendant cette campagne, ne me laissant influencer d'ailleurs que par les antécédents glorieux de cet illustre homme de guerre, ai-je conservé l'idée la plus haute de son caractère par l'activité que je l'ai vu déployer ce jour-là, en se multipliant de manière à veiller par lui-même à tous les mouvements qu'il ordonnait. Son fils, alors son aide-de-camp et aujourd'hui général, le secondait avec une ardeur telle, qu'on ne voyait que lui partout. Cet hommage que je me plais à rendre à la vérité, est d'autant plus désintéressé, que je n'ai pas l'honneur de connaître M. le général Grouchy.

Nous suivîmes le maréchal, qui se porta à la tête de son corps d'armée, et je rejoignis notre division qui, dans ce moment, était engagée avec un fort parti de Prussiens à un endroit nommé la Baraque, entre Sart-à-Walhain et Wavre. Le général Lefol s'apercevant que plusieurs tirailleurs s'étaient avancés trop près d'un bois où un parti de Prussiens s'était retiré, m'envoya les prévenir de rebrousser chemin; et, à peine étais-je à leur hauteur, qu'il partit de la lisière de ce bois une vive fusillade qui tua quatre hommes autour de moi, et qui blessa même mon cheval au sabot.

De retour de cette petite expédition, je rencontrai le général Corsin et notre chef d'état-major, le colonel Marion, auxquels je rendais compte de ce qui venait d'arriver, lorsque, tout-à-coup, je vis tomber à la renverse ce dernier, qu'une balle venait de blesser grièvement en lui traversant le corps d'outre en outre ; en tombant, il eut encore la force de me prier de ne pas l'abandonner. Je pris donc avec moi quatre sapeurs qui improvisèrent un brancard et qui le transportèrent hors de la portée du feu de l'ennemi. Je voulus donner à ces braves gens une pièce d'or que j'avais retirée de la poche du colonel, mais ils me refusèrent en me disant qu'ils n'avaient fait que leur devoir. Un chirurgien pansa à la hâte le blessé, auquel il fit des deux cotés du corps de fortes incisions, et ayant fait mettre le colonel dans la carriole de notre cantinière, qui avait débarrassé sa voiture de toute sa marchandise, je le conduisis à Walhain, précisément dans la chambre où deux heures auparavant j'avais été trouver le maréchal Grouchy. Cette maison était déjà encombrée de blessés, mais cela n'empêcha pas le propriétaire, ainsi que ses deux charmantes filles, de donner tous leurs soins au colonel. Dans cette pièce se trouvait aussi, je ne sais comment, M. Foulques d'Oraison, alors lieutenant d'état-major comme moi, aujourd'hui général, qui eut la bonté de nous aider à installer notre blessé.

Le général Gérard ayant été atteint par une balle, fut amené le soir dans ce château; et, profitant de cette occasion, je priai le chirurgien qui l'accompagnait de venir visiter le colonel, afin de me dire ce qu'il pensait de sa position. Après donc avoir sondé sa plaie, il me dit positivement que c'était un homme perdu, qu'il n'y avait aucune ressource pour le sauver.

Le colonel, qui avait le sentiment de son état, me donna ses bijoux, sa montre, son argent et un portrait de femme qu'il portait sur sa poitrine; il me confia pareillement son domestique et ses chevaux; et, après m'avoir encore remercié, il me fit signe d'aller rejoindre mon poste, que j'avais peut-être quitté légèrement, pour ne pas le laisser exposé à mourir, faute de soins, sur le champ de bataille. Je le laissai donc là en le recommandant de nouveau à ses hôtes, et je rejoignis notre division qui était engagée à Wavres, en annonçant sa mort comme devant être certaine. Heureusement il n'en fut rien; car deux mois plus tard, étant à l'armée de la Loire, à Tulle, je lui écrivis au hasard, voulant savoir positivement ce qu'il était devenu, et voici la copie de sa réponse, que j'ai conservée :

« Sart-à-Walhain, le 10 septembre 1815.

« Mon cher Charles, j'ai reçu votre lettre du 10 août der-
« nier, et je vous remercie. Je suis maintenant très bien ré-
« tabli et prêt à monter à cheval. Faites-moi l'amitié de
« témoigner à nos camarades de l'état-major combien j'ai
« été sensible à l'intérêt qu'ils ont pris à mon infortune.
« Vous êtes trop modeste, mon cher ami, je vous ai les plus
« grandes obligations, et je n'oublierai jamais l'attache-
« ment que vous m'avez marqué dans cette circonstance.
« En me faisant transporter aussitôt mon effroyable bles-
« sure à Walhain, vous m'avez sauvé la vie. Après votre
« départ, j'ai subi une hémorrhagie qui a demandé les plus
« grands soins. J'ai reçu des nouvelles de mes chevaux et
« autres petits intérêts; vous avez tout fait pour le mieux.
« Je ne sais, mon ami, quand il me sera permis de rentrer
« en France, car je suis retenu ici prisonnier par ma pa-
« role d'honneur, et, pour des hommes de notre profes-
« sion, c'est une barrière infranchissable. Je prie le géné-
« ral auquel j'écris de vous témoigner toute ma reconnais-
« sance. Si vous voulez me donner de vos nouvelles, je les
« recevrai toujours avec un plaisir nouveau. Adieu, Charles,
« dites - moi quelque chose de votre état-major et des
« troupes que vous commandez.
« Tout à vous, votre ami pour la vie.

« Signé baron MARION. »

Quelques mois après notre retour de l'armée de la Loire,
je revis à Paris le colonel Marion, et je reçus de lui des
témoignages d'affection en souvenir du service que je lui
avais rendu. Désigné pour commander le 20.ᵉ de ligne, il
partit en 1830, avec son régiment, pour l'Afrique, et depuis
ce temps je n'ai plus entendu parler de lui; je crois qu'il

mourut quelque temps après, étant en retraite, avec le grade de général de brigade.

———

Mais revenons à notre journée du 18 juin. Croyant quitter pour toujours le colonel Marion, je rejoignis mon général à Wavres, où le combat, commencé depuis quatre heures, continua, avec une violence égale de part et d'autre, jusque fort avant dans la nuit. Le 19 juin, à une heure du matin, Napoléon expédia plusieurs officiers à Grouchy, pour lui annoncer la perte de la bataille de Waterloo, et lui ordonner de faire sa retraite sur Namur. Le soir, le corps d'armée bivouaqua près de Gembloux; et, le lendemain, nous nous dirigeâmes sur Namur, suivi par l'ennemi, qui avait tenté en vain de nous dépasser, pour nous couper la retraite.

A trois-quarts de lieue de Namur, près d'un village nommé Fallise, le général se doutant que nous allions être chargés par une forte colonne de cavalerie ennemie qui nous suivait de près, fit aussitôt former le carré à un régiment, au milieu duquel nous nous réfugiâmes; mais ce carré était à peine créé, que la cavalerie ennemie l'avait déjà attaqué avec un certain avantage, car sans un petit bois voisin où nos troupes se précipitèrent en désordre, ce qui empêcha les Prussiens de poursuivre leur succès, nous étions sabrés impitoyablement.

En nous ralliant de l'autre côté de ce bois, le général s'aperçut qu'il lui manquait deux canons que, dans notre fuite, l'on avait laissés embourbés au milieu d'un taillis; il donna l'ordre aussitôt qu'on allât les retirer, et je fus désigné pour accompagner les hommes appelés à cette expédition. Après des efforts inouïs, inquiétés en même temps par des coups de pistolet que nous envoyaient les cavaliers prussiens, nous pûmes ramener ces deux pièces aux cris de joie de nos braves soldats.

On se battait toujours, et la résistance fut opiniâtre; nous fûmes poursuivis à la baïonnette jusqu'à Namur, où l'engagement fut très acharné, et où nous perdîmes beaucoup de monde. Obligés de nous défendre jusque dans les faubourgs (1), nous fûmes poussés avec une telle vigueur jusqu'à la dernière porte de la ville, que cette retraite ressemblait à une fuite. On avait entouré cette porte d'énormes morceaux de bois garnis de paille et enduits de poix, auxquels on mit le feu à l'arrivée des Prussiens, ce qui les empêcha de nous poursuivre, heureusement pour nous, car l'ennemi eût eu beau jeu pour nous inquiéter dans notre retraite, attendu que nous étions resserrés sur une seule route, entre la Meuse et d'énormes rochers.

Bref, notre retraite s'effectua heureusement jusqu'à Paris, où notre corps d'armée arriva presque intact et sans avoir perdu une seule pièce de canon.

Le général Lefol prit alors le commandement en chef du 3.ᵉ corps d'armée, en remplacement de Vandamme, et nous partîmes, le 6 juillet, pour l'armée de la Loire, où nous fûmes licenciés deux mois après, le 8 septembre 1815, à Tulle (Corrèze).

Mis à la demi-solde, je fus rejoindre ma famille; mais bientôt, vexé de toutes les manières, brutalisé en quelque sorte par les autorités d'alors, traité de brigand comme le furent tous les officiers de cette malheureuse et immortelle armée, croyant d'ailleurs que mon avenir militaire

____

(1) Mes compagnons d'armes d'alors doivent se rappeler comme moi, avec un sentiment de reconnaissance mêlé d'admiration. le dévouement des femmes, des dames de Namur, qui, bravant les balles de l'ennemi pendant notre traversée dans la ville, venaient jusqu'au milieu de nos rangs en désordre nous apporter des vivres.

était perdu, je donnai de dépit ma démission, abandonnant une carrière qui m'offrait des chances si favorables, pour entrer à l'École préparatoire de Saint-Cyr que l'on recréait alors, et où je n'ai pas cessé d'être employé depuis. Aussi suis-je maintenant non-seulement le doyen des fonctionnaires de Saint-Cyr, mais encore de tous ceux des autres écoles militaires.

Je compte deux campagnes sous l'Empire, près de quarante ans de services non interrompus, dont trente-sept à Saint-Cyr, et j'entre aujourd'hui même dans ma trente-huitième année de grade de chevalier de la Légion-d'Honneur. N'ayant d'autre ambition que celle d'être utile à ma famille, je ne demande qu'une chose : si l'on juge que par mes longs services j'ai acquis quelques droits à la bienveillance du gouvernement, c'est que mon fils, dont la conduite est irréprochable et qui est déjà attaché au bureau du général commandant, soit employé définitivement à cette école de Saint-Cyr qui fut en quelque sorte mon berceau, et que je ne quitterai, je l'espère plus tard, qu'en y laissant une réputation honorable et à l'abri de tout reproche.

Saint-Cyr, le 24 mars 1852.

LEFOL.

Le général Lefol, pendant cette guerre si courte, déploya une énergie, une activité remarquables, et donna des preuves de la science militaire qu'il possédait à un si haut point. Bien qu'il eût le pressentiment de l'issue funeste de cette campagne, les fautes qu'il voyait commettre le mettaient hors de lui ; et, dans plusieurs circonstances, il ne put s'empêcher de les signaler hautement.

Le 18 juin, son opinion était que le corps de Grouchy ne devait pas rester, comme il l'a fait, pendant deux ou trois heures dans l'inaction. Si cet avis, qui du reste était conforme à celui qu'avait émis son illustre ami, le général Gérard, eût été suivi préférablement à celui de Vandamme, qui, par fatalité, a prévalu, la bataille de Waterloo eût été pour nous, et Dieu sait ce que la France y aurait gagné.....

Le général Lefol est mort à Vitry-le-Français, sa ville natale, en 1840. Je ne puis mieux exprimer les regrets que causa cette perte qu'en copiant le discours qui a été prononcé sur sa tombe, devant la majeure partie de la population de la ville, qui s'était fait un devoir d'assister à cette triste cérémonie.

Voici ce discours, qui lui tiendra lieu de biographie :

« Encore une des gloires de la France qui remonte aux lieux de sa céleste origine. Le général Lefol, l'orgueil et l'honneur de notre patrie, n'est plus ! Fils de ses œuvres, ses vertus guerrières l'élevèrent aux plus hauts grades. Il était de ce temps où la faveur et l'intrigue ne plaçaient pas un homme, de cette génération de héros dont il fallait pourtant se distinguer pour avoir le droit de leur commander.

« Tout le monde ici sait ce qu'il fit à Connevitz, Arcis et sur tant d'autres champs de bataille. A la bataille de Fleurus, au village de Saint-Amand, il arrêta, avec seulement quatre mille hommes, les efforts de toute une armée ennemie. Aussi son nom est-il inscrit en caractères ineffaçables sur l'arc de triomphe de l'Étoile.

« De hauts faits d'armes ne marquèrent pas seuls sa carrière militaire. Ses talents administratifs l'avaient appelé aux états-majors, où l'œil du maître sut le distinguer. Il suivit sa fortune et tomba avec lui : c'est là un des beaux traits que l'on puisse vanter de sa vie. Il avait l'ame trop haute pour descendre jusqu'à servir un gouvernement qui reniait la gloire de la France, qui assassinait juridique-ment le brave des braves, et obscurément le maréchal Brune.

« Jetons un voile sur cette époque sanglante de notre histoire ; faisons seulement remarquer que lorsque des jours heureux vinrent à luire sur notre belle France, lors-qu'éclata la révolution de juillet, et que les conquérants de l'Europe purent, sans être traqués comme des bêtes fau-ves, montrer leur front brillant de l'éclat de cinquante victoires, le général Lefol, ce caractère taillé à l'an-tique, qui pouvait tant, parce qu'il avait gardé sa vertu in-tacte, loin d'user de représailles contre les agents d'un gouvernement qui l'avait persécuté, détourna de sa main puissante l'orage qui grondait sur leur tête, et les maintint tous en place. Aussi la sienne était-elle marquée à la tête de la garde nationale de Vitry, et certes l'on peut dire qu'elle en tira plus de lustre qu'elle ne lui en ajouta.

« Rappelez-vous ses commencements ; avec quelle faci-lité il se prêta à son organisation. Combien de fois n'avez-vous pas admiré ce vieux général, qui avait commandé tant de valeureux soldats, redevenir simple officier pour vous exercer aux manœuvres, prendre un fusil pour vous en ap-prendre le maniement, et montrer qu'après avoir su faire les grandes choses, il n'avait pas l'orgueil de dédaigner les petites.

« Vous tous qui l'avez connu, vous sur-tout admis à l'hon-neur de son intimité, dites combien son commerce était facile, ses vertus domestiques touchantes, ses relations so-ciales précieuses. Venez donc tous, à sa dernière heure, donner des larmes à sa cendre, et gardez son image dans vos cœurs, en attendant que vous en décoriez nos monuments publics. Hélas! c'est la stricte immortalité que nous accordons aux héros!!! »

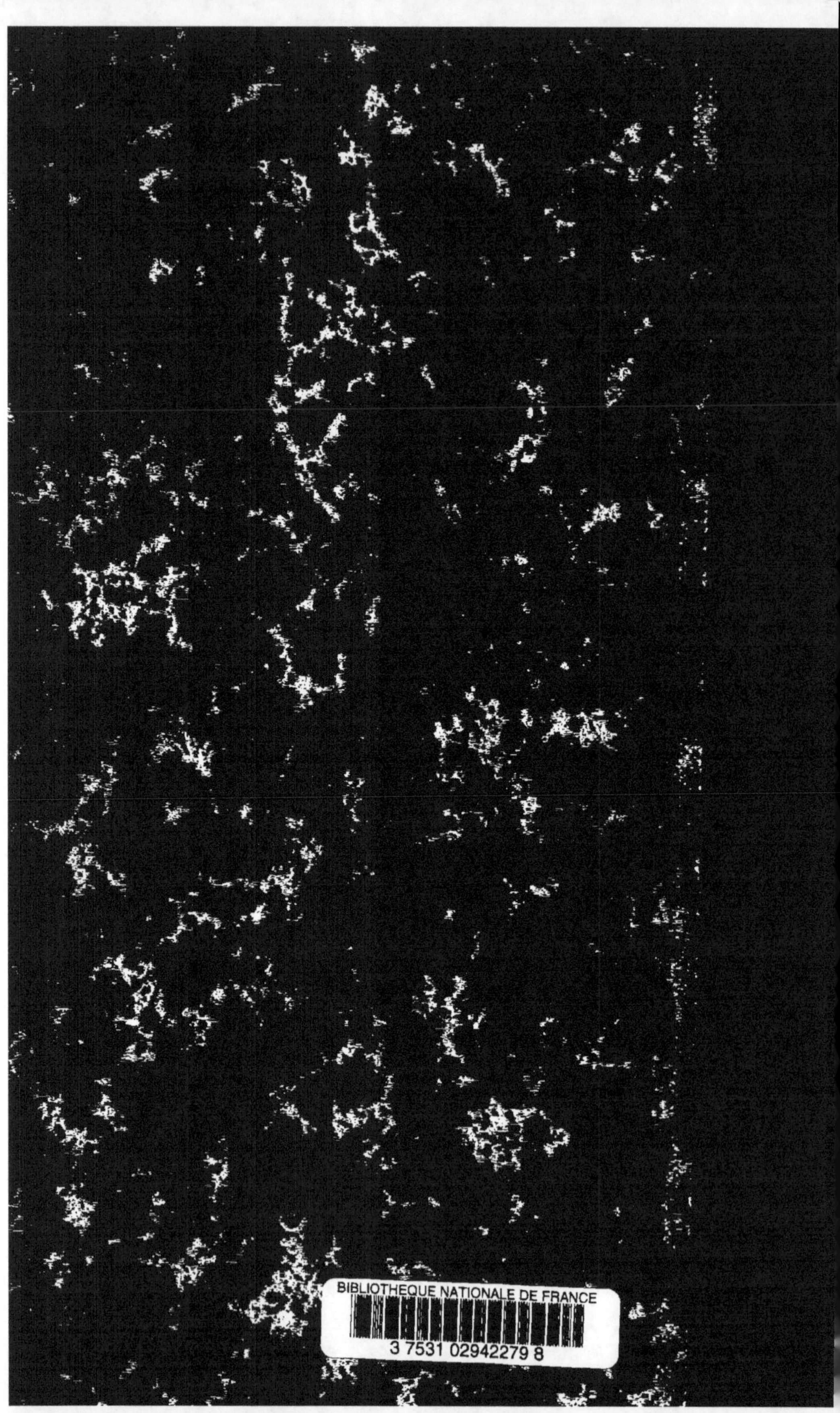

www.ingramcontent.com/pod-product-compliance
Lightning Source LLC
Chambersburg PA
CBHW061309050726

47594CB00004B/1619